Deutschbuch

Ferienheft

Fit fürs Gymnasium

Herausgegeben von Bernd Schurf
und Andrea Wagener
Erarbeitet von Deborah Mohr

Cornelsen

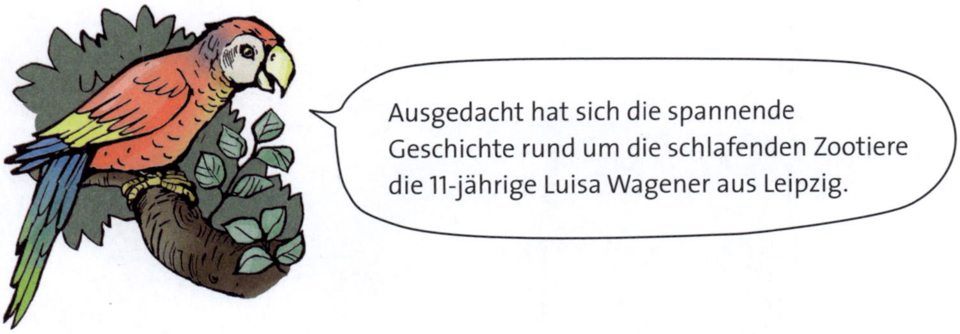

Bildquellen
S. 27: picture-alliance / © Balance/Photoshot
S. 43 links oben: Ulf Blanck, Die drei ??? Kids – Panik im Paradies © 1999 Franckh-Kosmos Verlags-GmbH & Co. KG, Stuttgart
S. 43 links unten: Was ist was, Band 110: Tiere im Zoo © Tessloff Verlag, Nürnberg 2010
S. 43 rechts: Die schönsten Tiergeschichten für Kinder. Hg. Günter Stolzenberger © Insel Verlag, 2006

Redaktion: Otmar Käge
Bildrecherche: Eireen Junge
Illustrationen: Dorina Tessmann, Berlin
Umschlaggestaltung: studio SYBERG, Berlin
Layout und technische Umsetzung: wewerke gestaltung, Berlin

www.cornelsen.de

1. Auflage, 1. Druck 2013

Druck: Stürtz GmbH, Würzburg

ISBN: 978-3-06-060342-8

Inhalt gedruckt auf säurefreiem Papier aus nachhaltiger Forstwirtschaft.

Inhalt

Dabei will ich, Professor **Kwirks**, tatkräftig mithelfen! Ich unterstütze euch in einem spannenden Kriminalfall. Du bist am Tatort und ermittelst mit Cliff und Cleo.

Aber du sollst mit den beiden nicht nur rätselhaften Zootieren auf die Spur kommen, sondern auch knifflige Deutschaufgaben lösen. Hier kannst du zeigen, was du in **Rechtschreiben** und **Grammatik**, **Lesen** und **Schreiben** schon alles kannst. Ich gebe dir Tipps und Ratschläge.

Im Lösungsteil ab Seite 44 kannst du – aber nur im Notfall! – nachschlagen, ob du die Aufgaben richtig gelöst hast.

Cleo bei Cliff

Endlich Sommerferien! Cleo ist seit langer Zeit wieder einmal bei ihrem Cousin Cliff in Nomburg zu Besuch. Sie ist sehr neugierig, wie er lebt. Cliff zeigt seiner Cousine als erstes sein Zimmer:

1 Ergänze die Lücken.
Dann bekommst du heraus, womit sich Cliff gern beschäftigt.

2 Was für ein Junge ist Cliff?
Interessiert er dich?
Notiere deine Gedanken dazu:

____

____

____

____

Zirkus, Kino oder Zoo?

b oder *p*, *e* oder *ä*?

In einer Stadt wie Nomburg kann man viel entdecken.
Gleich am ersten Ferientag wollen Cliff und Cleo etwas unternehmen.

1 Hast du einen Vorschlag für die beiden, was sie sich als Erstes vornehmen könnten?

Cliff und Cleo könnten ____

____

____

____

2 Male ein passendes Bild in einen schönen Rahmen:

Cliff		Cleo				
der Zwerg	k →	pfl__gen	e →	die Bur__	g →	verst__ndlich
↓ g		↓ ä		↓ k		↓ e|ä
die Fr__de	d →	der San__	← p	er le__t	← d	der Hun__
↓ äu|eu		↓ t		↓ b		↓ t
es spu__t	k →	die H__ser	eu →	sie trin__t	k →	der We__
↓ g		↓ äu		↓ g		↓ k|g
der Plane__	← p	es gi__t	t →	das Bil__	← e	__ngstlich
↓ t		↓ b		↓ d		↓ ä
gef__hrlich	e →	der Ta__	g →	es kle__t	p →	der Aben__
↓ ä		↓ k		↓ b		↓ t|d
abz__hlen	← k	der Ber__	← g	sie sa__t	← eu	die F__ste
↓ ä		↓ g		↓ k		↓ äu
er glau__t	b →	bl__nden	e →	das Fahrra__	t →	er hu__t
↓ p		↓ ä		↓ d		↓ b|p
Zirkus		**Naturkundemuseum**		**Zoo**		**Kino**

3 Um herauszufinden, wohin **Cliff** am liebsten gehen möchte und was **Cleo** sich wünscht, musst du dich durch dieses Labyrinth hindurchfinden:
Schreibe in jedes Kästchen den richtigen der zwei vorgeschlagenen „Pfeil-Buchstaben“.
Folge immer dem richtigen Pfeil zum nächsten Kästchen.

Begleite zuerst Cliff zu seinem Lieblingsziel: ____________ ,

dann Cleo: ____________________ .

!! Am Wortausgang klingt ***b*** wie ***p***, klingt ***d*** wie ***t*** und ***g*** wie ***k***.
Aber welcher Buchstabe ist im einzelnen Fall der richtige?
Bilde dazu eine andere, **verlängerte Form** des Wortes,
sprich deutlich, dann hörst du den richtigen Buchstaben:
Zu? ⇨ Züge ⇨ Zug   schrei?t ⇨ schreiben ⇨ schreibt.

e und ***ä***, ***eu*** und ***äu*** klingen ganz ähnlich.
Welchen Buchstaben musst du bei einem bestimmten Wort schreiben?
Findest du ein verwandtes Wort mit ***a*** oder ***au***, dann schreibe ***ä*** oder ***äu***:
kr?ftig ⇨ Kraft ⇨ kräftig   M?se ⇨ Maus ⇨ Mäuse

Ein sprechender Papagei

Während Cliff und Cleo überlegen, ob sie lieber in den Zoo oder ins Kino gehen, hören sie plötzlich ein merkwürdiges Geräusch in ihrem Rücken. Sie drehen sich um und sehen, dass ein großer Papagei im Baum vor dem Fenster sitzt und zu pfeifen und zu krächzen beginnt:

Im Nu haben die beiden den Zoo und das Kino vergessen und fragen sich: „Was hat der Papagei gesehen und gehört, dass sich ihm ausgerechnet diese drei Wörter eingeprägt haben? Was will er uns damit wohl sagen?“

1 Fällt dir eine Geschichte zu diesen Wörtern ein? Notiere:

Schau und lies (S. 9 oben), was Cliff zu den Krächz-Wörtern des Papageis einfällt:

Meine Cousine Cleo besucht mich in den Ferien. Schon in der ersten halben Stunde habe ich gemerkt, wie stolz sie auf ihr Smartphone ist. „Wenn ich ihr das verstecke?“, dachte ich.

Gefällt dir Cliffs Schreibidee? Bevor du den Erzählanfang fortsetzt, löse diese Aufgaben:

2 Verwende einmal oder mehrmals in beliebiger Reihenfolge die Papagei-Wörter *schlafen / Schlaf – Wasser /wässrig – Rache / rächen.*

3 Worin besteht der **Höhepunkt** deiner Geschichte? Kannst du ihn spannungssteigernd vorbereiten?

4 Wie endet deine Geschichte: im Frieden – im Streit?

Tipp
- **Spannungsmelder**: *plötzlich, auf einmal*
- **treffende Verben**: *kreischen, jammern*
- **Adjektive**: *leise, nass, eiskalt*

5 Setze nun Cliffs Schreibidee oben fort. Schreibe in der Zeitform **Präteritum** (*ich* ***suchte*** *... /* ***ging*** *...*). (Als Mädchen kannst du „Meine Cousine Cleo“ durch „Mein Cousin Cliff“ ersetzen.)

Wohin mit dem Vogel?

1 Was meint Cliff, was sie mit dem Papagei tun sollten?
Und wie ist die Meinung von Cleo?

Cliff meint, ______________________________

____

Cleo ist der Meinung, ______________________________

____

2 Schau dir die Gründe (die „Argumente") von Cliff und Cleo genauer an, mit denen sie ihre Meinung belegen:

a Wie viele Gründe gibt jeder an? ___

b Welche der Begründungen (Argumente) findest du
- besonders überzeugend?
- nicht sehr überzeugend?

Male die überzeugenderen Sprechblasen bunt aus.

Der Papagei gehört wirklich in den Zoo, ...

denn

weil

dass

Ein Aushang hat den Vorteil, ...

3 Womit könnten Cliff und Cleo diese Meinungen begründen?

Stell dir vor, ein so prächtiger Papagei wäre dir zugeflogen!

4 Was würdest du mit dem Vogel anfangen?
Schreibe deine **Meinung** auf:

5 Welchen **Grund** (welche Gründe) kannst du für deine Meinung angeben?

6 Schreibe nun deine **Meinung** zum Papagei (Aufgabe 4) und deine **Begründung** dafür (Aufgabe 5) möglichst in einem Satz auf:

Tipp
Vor ***weil*** und ***denn*** und ***dass*** steht immer ein **Komma**.

X Nomen Pronomen

Große und kleine Tiere

Weil Cliff am ersten Ferientag sowieso in den Zoo will, nehmen die Kinder den Papagei dorthin mit.

Das ist ja **Pepe**, der letzte Woche unserem Tierpfleger Rudi entwischt ist! Die beiden waren unzertrennlich. Ich freu mich sehr, dass der Vogel wieder da ist! Als Finderlohn bekommt ihr freien Eintritt für die ganzen Sommerferien.

„Wie gut“, sagt Cleo zu ihrem Cousin, „dass wir uns für deine Meinung entschieden haben, Cliff!“ Begeistert laufen sie aufs Zoogelände:

1 Welche Eindruck macht der Nomburger Zoo auf dich? Vergleiche mit Zoos, die du kennst.

das ist das zebragehege
aber das zebragehege ist leer wo sind die zebras?

hier sehen wir den tigerkäfig
ein tiger liegt hinten in der ecke
der tiger sieht aus, als ob er schläft

die flamingos auf dem foto stehen alle auf einem bein
die flamingos haben den kopf in das gefieder gesteckt
die flamingos schlafen alle!

das ist knuti, ein braunbär
der braunbär gilt als sehr gefährlich
stimmt das wirklich, knuti?

Vier Fotos, die Cliff und Cleo im Nomburger Zoo „geschossen" haben, versehen mit flüchtigen Bildunterschriften und noch ohne Großschreibung!

Die Großschreibung gilt für
• Satzanfänge
• Eigennamen
• Nomen (oft mit Artikel: ***das*** *Tier,* ***ein*** *Affe*)

2 Stelle fest, welche Wörter großgeschrieben werden müssen:
a Setze Satzschlusszeichen.
b Markiere die Wörter, die großzuschreiben sind.

3 **a** Woran erkennst du die **Nomen** in einem Satz?
b Markiere diese Wörter in den Bildunterschriften.

4 **a** Lies die Bildunterschriften noch einmal laut.
Achte dabei auf die Nomen: Fällt dir etwas auf?
b Streich die wiederholten Nomen, ersetze sie durch **Pronomen**.

Tipp
Ersetze wiederholte Nomen, durch ein **Pronomen**:
das Äffchen ⇨ es
bei dem Zoodirektor ⇨ bei ihm
Die Pronomen bitte **kleinschreiben!**

5 Schreibe zu dem großen Zoobild auf Seite 12 eine erklärende Bildunterschrift.
• Achte auf die Großschreibung der Nomen („Artikelprobe" machen!)
• Vermeide Nomen-Wiederholungen, indem du passende Pronomen verwendest.

i-Laute richtig schreiben

Hier stimmt etwas nicht!

Cliff und Cleo haben den Verdacht, dass es im Nomburger Zoo nicht mit rechten Dingen zugeht! Darum wollen sie am nächsten Morgen noch einmal hingehen.
Weil Cliffs Eltern schon auf der Arbeit sind, schreibt er ihnen einen Zettel. Da er sich mit den i-Lauten unsicher ist, lässt er sie vorsichtshalber weg:

Hallo Mama, Papa,

w__r haben uns entsch__den, heute noch einmal in den Zoo zu gehn. W__r s__nd nämlich z__mlich beunruhigt, weil w__r glauben, dass m__t den T__ren etwas n__cht st__mmt. S__ l__gen den l__ben, langen Tag schlafend in der Ecke. W__r möchten __nen helfen!

Der Zoodirektor hat uns zum Glück freien Eintr__tt für d__ ganzen Sommerferien versprochen.

W__r sind um s__ben Uhr w__der zu Hause.
Wartet __r b__tte m__t dem Abendessen auf uns?

Cliff

1 Hilf Cliff und setze in die Lücken *i*, *ie* oder *ih* ein.
Professor Kwirks hat dazu einen ausführlichenTipp:

- Ein **kurzes *i*** wird immer ***i*** geschrieben: *in, Kiste, wirklich*
- Ein **langes *i*** wird fast immer ***ie*** geschrieben: *biegen, Ziel, schief*
- Manchmal wird ein langes ***i*** auch nur mit ***i*** geschrieben: *wir, Tiger, Gardine*
  Diese Wörter musst du dir gut merken!

Nur in dem Pronomen ***ihr*** mit seinen verschiedenen Formen wird das lange ***i*** mit ***ih*** geschrieben: ***ihr, ihm, ihn, ihnen***

Schlaftiere

Zeitformen bestimmen

Bei ihrem zweiten Zoobesuch stellen Cliff und Cleo fest, dass die wenigen Tieren, die sie überhaupt entdecken können – schlafen! Die Kinder möchten dieses Rätsel unbedingt lösen. Sie fragen deshalb verschiedene Personen nach ihren Beobachtungen:

„**Was** passierte **wann?**“, fragen sich Cliff und Cleo und legen eine Tabelle an:

vor Längerem	vor Kurzem	im Augenblick	in Zukunft
❶ *besuchte Zoo,*			

vor Längerem	vor Kurzem	im Augenblick	in Zukunft
❷	hergekommen,		
❸			
❹			

1 Notiere in Stichpunkten in die Tabelle, was die vier Personen zu den vier Zeitabschnitten feststellen.

Wenn du die Sprechblasen genau liest, stellst du fest, dass die vier Personen Verben in vier verschiedenen Zeitformen verwenden, wenn sie von ihren Eindrücken und Beobachtungen berichten:

Information | **Zeitformen**

Die Zeitform **Präsens** (die Gegenwartsform) wird verwendet, wenn etwas in der Gegenwart geschieht: *Die Tiere **schlafen** von morgens bis abends.*
Das **Futur** (die Zukunftsform) wird verwendet, um ein zukünftiges Geschehen auszudrücken: *Diesen schrecklichen Zustand **werden** sie hoffentlich bald **überwinden**.*
Mit dem **Perfekt** (Vergangenheit I) beschreibt man vor kurzer Zeit Geschehenes: *Gestern **hat** sich ein Besucher **beschwert**. Er **ist** extra in mein Büro **gekommen**.*
Mit dem **Präteritum** (Vergangenheit II) beschreibt man vor längerer Zeit Geschehenes: *Von der Schlafsucht in den Käfigen **berichtete** mir eine Tierpflegerin erstmals vor vier Wochen.*

2 **a** Markiere in den vier Sprechblasen die vier verschiedenen Zeitformen mit unterschiedlichen Farben.
b Trage oben am Tabellenende in die vier Kästchen jeweils den Namen der richtigen Zeitform ein.

3 Cliff und Cleo haben die vier Personen ja befragt, um das Rätsel der schlafenden Tiere zu lösen. Haben sie etwas erfahren, was sie dieser Lösung näherbringt?

Verdächtige Spuren

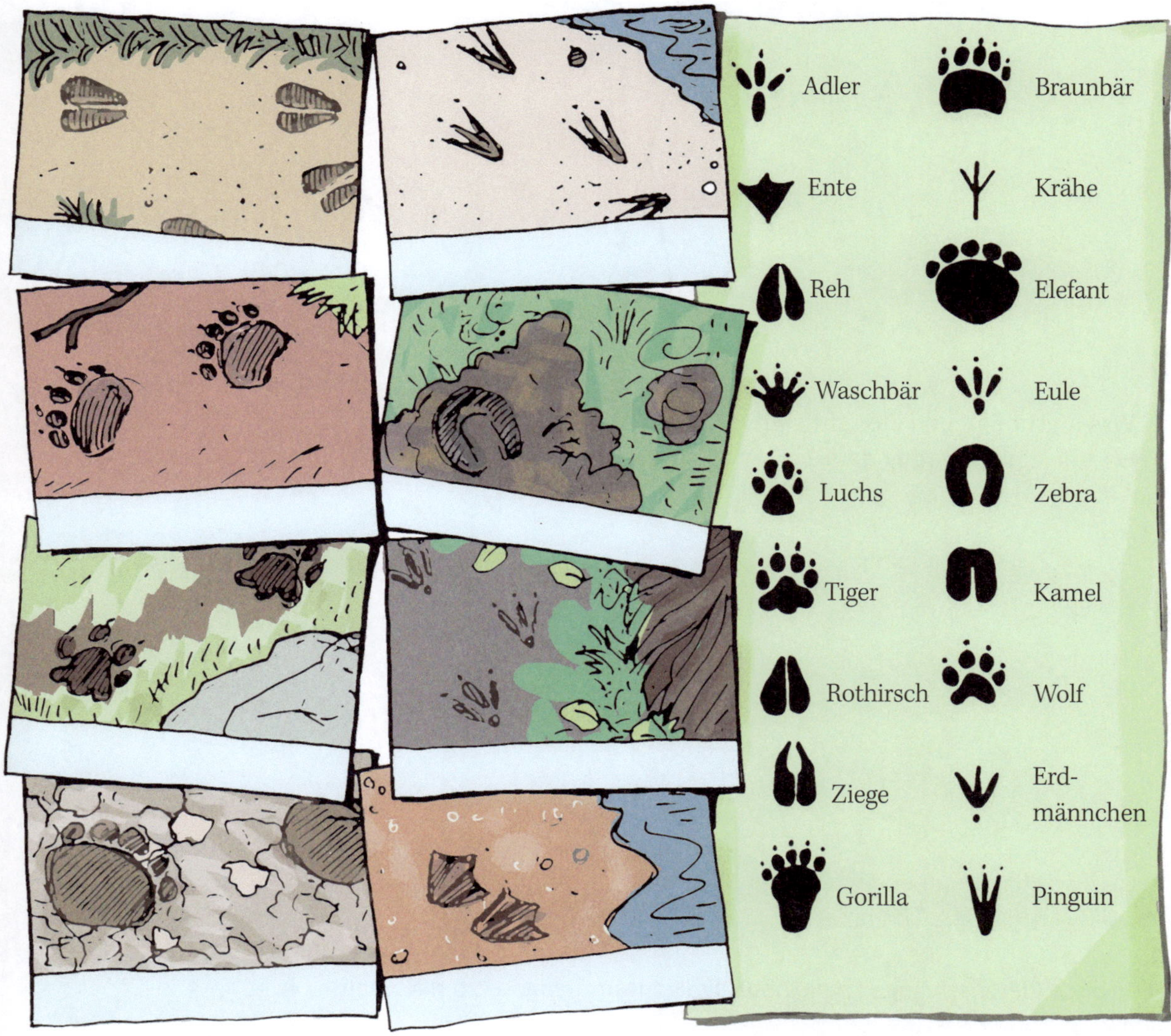

Um dem Rätsel der schlafenden Tiere auf die Spur zu kommen, schauen sich Cliff und Cleo verschiedene Gehege näher an und fotografieren die Tierspuren auf der Erde, im Sand. Zu Hause vergleichen sie die Spuren mit entsprechenden Abbildungen.

1 Finde mit Hilfe der Spuren-Tabelle heraus, welche Tierspuren Cliff und Cleo fotografiert haben.

2 Notiere, wo Cliff und Cleo die Fotos gemacht haben.
Bilde dazu zusammengesetzte **Nomen** (Namenwörter):

Bestimmungswort		**Grundwort**		**Zusammensetzung**
der Bär	+	*die Höhle*	=	*die* ____________

Verwende möglichst verschiedene Grundwörter.

Tipp
Wo Tiere wohnen:
Gelände, Gehege, Käfig, Haus, Teich, Felsen, Zwinger, Park, Becken, Höhle

Bei diesen Tierspuren stutzen Cliff und Cleo:

3 Um welche Tierspuren handelt es sich?

4 **a** Was macht Cliff und Cleo stutzig?
b Hast du eine Erklärung dafür?

Bevor du dich zusammen mit Cliff und Cleo um diese „heiße Spur" kümmerst:

Tipp
Wort-Beispiele findest du in einem Wörterbuch!

5 Fülle diese Riesenschlange („Anakonda") mit zusammengesetzten Nomen:

6 **a** Füge bei jedem zusammengesetzten Wort den bestimmten Artikel hinzu: ***der*** *Affenfelsen, ...*
b ***der*** ***die*** ***das*** – Nach welchem Teil des zusammengesetzten Wortes richtet sich der Artikel?

Du kannst sicher sein, dass Cliff und Cleo noch einmal das Erdmännchengehege aufsuchen werden!

Viel Zeit im Zoo

Passende Zeitformen verwenden

Cliff Eltern wundern sich über die Zoo-Leidenschaft der beiden Kinder und erkundigen sich danach.

1 Erinnere dich, was Cliff und Cleo im Zoo ...

a beobachtet und unternommen haben:
- schon vor Längerem, gleich zu Ferienbeginn,
- erst kürzlich.

b Was die beiden planen:
- gerade jetzt,
- demnächst.

Mach dir Notizen dazu.

2 **a** Verwende deine Notizen, um die Antworten der beiden „Zoo-Detektive“ auf die Fragen von Cliffs Eltern in die Sprechblase oben zu schreiben.
Achtung: Setze deine Verben in die richtige Zeitform:
Präsens – Futur – Perfekt – Präteritum

b Markiere die vier von dir verwendeten Zeitformen mit vier verschiedenen Farben.

Tipp
Lies dazu die Information „Zeitformen“ auf S. 16!

„Kannst du? – Können Sie?“

Anredepronomen groß und klein

Cliffs Eltern raten den Kindern, sich danach zu erkundigen, warum alle Zootiere pausenlos schlafen. Cliff und Cleo beschließen, zwei E-Mails zu schicken: eine an einen Freund auf einem Bauernhof und eine an den Tierarzt, zu dem Cleo immer mit ihrem Meerschweinchen geht.
Bei den Anredepronomen lassen sie erst einmal Lücken, weil sie bei der Schreibung unsicher sind.

Senden | Anhang | Schriften | Farben | Als Entwurf sichern

An: lukasbe@e-post.de

Betreff: Schlafende Zootiere

Von: Cliff.Neuhaus@e-post.de

Hallo Lukas,

ich hoffe, dass es _____ gut geht und _____ _____ Sommerferien genießt, genauso wie Cleo und ich.

Sie ist gerade 14 Tage hier in Nomburg und wir haben ein Problem, bei dem uns _____ Rat willkommen ist. Mit den Tieren im Nomburger Zoo stimmt etwas nicht! Sie ziehen sich zurück und schlafen die ganze Zeit. Weil _____ auf einem Bauernhof wohnst, kennst _____ _____ doch gut mit Tieren aus. Hast _____ eine Idee, was ihnen fehlen könnte?

Es wäre schön, wenn _____ Antwort schnell käme. Falls _____ etwas dazu einfällt.

Viele Grüße Cliff

1 Die fehlenden Wörter, mit denen hier Lukas angesprochen wird, kannst du sicher leicht ergänzen. Weißt du auch, wie sie geschrieben werden?
(Auf der nächsten Seite gibt dir Professor Kwirks einen Tipp.)

Senden | Anhang | Schriften | Farben | Als Entwurf sichern

An: tierarzt_schoenenberg@e-post.de

Betreff: Schlafende Zootiere

Von: Cleo.Templin@e-post.de

Lieber Herr Dr. Schönenberg,

als Erstes möchte ich mich noch einmal ganz herzlich bei ______ dafür bedanken, dass ______ mein Meerschweinchen letzte Woche so gut versorgt haben!

Ich schreibe ______ heute, weil ______ sich als Tierarzt sicher auch mit größeren Tieren auskennen und ich dazu eine Frage an ______ habe: Ich bin in den Ferien gerade hier in Nomburg und habe festgestellt, dass etwas mit den Tieren im Zoo nicht stimmt. Sie schlafen rund um die Uhr! Daher überlege ich, ob sie vielleicht eine Schlafkrankheit haben. Kennen ______ sich damit aus? Oder fällt ______ etwas anderes ein, was den Tieren fehlen könnte? Antworten ______ mir doch bitte bald, damit die armen Zootiere mit ______ Hilfe gerettet werden!

Schon jetzt vielen Dank an ______ von

Cleo Templin

2 Die fehlenden Wörter, mit denen Cleo hier ihren Tierarzt anspricht, kannst du gewiss leicht ergänzen. Achte auf die richtige Schreibung!

!!

In einem Brief oder in einer E-Mail an eine Person, die du mit „Sie" ansprichst, werden alle **Anredepronomen großgeschrieben**: *Sie, Ihr, Ihnen* usw.
Die Anredepronomen für jemanden, den du „duzt", darfst du **kleinschreiben**: *du, dir, dein* usw.
Du kannst sie aber auch **großschreiben**. Dann aber bitte **alle**!

Eine Schlafkrankheit?

Wichtige Informationen erkennen

Schon am nächsten Morgen hat Cleo eine E-Mail von Dr. Schönenberg:

An:	Cleo.Templin@e-post.de
Betreff:	Schlafende Zootiere
Von:	tierarzt_schoenenberg@e-post.de

Liebe Cleo,

es freut mich, dass Dein Meerschweinchen wieder ganz gesund ist! Nun aber zu Deiner Frage wegen der schlafenden Tiere. Ich kenne mich tatsächlich auch mit großen Tieren sehr gut aus und mir ist keine Schlafkrankheit bekannt, die ganz unterschiedliche Tiere gleichzeitig befällt. Aber wenn wirklich alle Tiere im Nomburger Zoo „schlafen“, kann das andere beunruhigende Gründe haben: z. B. verdorbenes Futter oder Trinkwasser, vielleicht schädliche Luft über dem Zoo. Noch schlimmer: Jemand betäubt oder vergiftet die Tiere! Ich hoffe, dir mit meinen Informationen wichtige Hinweise zu geben, die du verwenden kannst.

Tierische Grüße!
Michael Schönenberg
Dr. med. vet.

1 Lies die E-Mail aufmerksam.
Findest du folgende Aussagen darin („Richtig“) oder nicht („Falsch“)?

	Richtig	Falsch
• Bei Tieren gibt es überhaupt keine Schlafkrankheiten.	☐	☐
• Wegen des Verhaltens der Zootiere muss man sich Sorgen machen.	☐	☐
• Schädliches menschliches Verhalten ist hier ausgeschlossen.	☐	☐
• Das Trinkwasser für die Zootiere ist besonders verdächtig.	☐	☐

2 Überlege: Enthält die E-Mail irgendeine Information, die Cliff und Cleo dem Rätsel der schlafenden Tiere näherbringt? Was könnten sie tun?

3 Die E-Mail von Dr. Schönenberg enthält **vier** Anredepronomen.
a Unterstreiche sie.
b Überprüfe ihre Schreibung: Ist sie korrekt?
(Beachte den Tipp von Professor Kwirks auf S. 21)

Eine Entdeckung

Wie geplant gehen Cliff und Cleo wieder in den Zoo und schauen sich noch einmal genauer im Erdmännchengehege um. Und tatsächlich: Was ist denn das?!

1 Umkreise, was deiner Meinung nach nicht in ein Erdmännchengehege gehört.

Nom, Adj., Verba

Cliff und Cleo gelingt es mit viel Geduld, Geschick und einem langen Ast, den gefalteten Zettel aus dem Erdmännchengehege zu angeln:

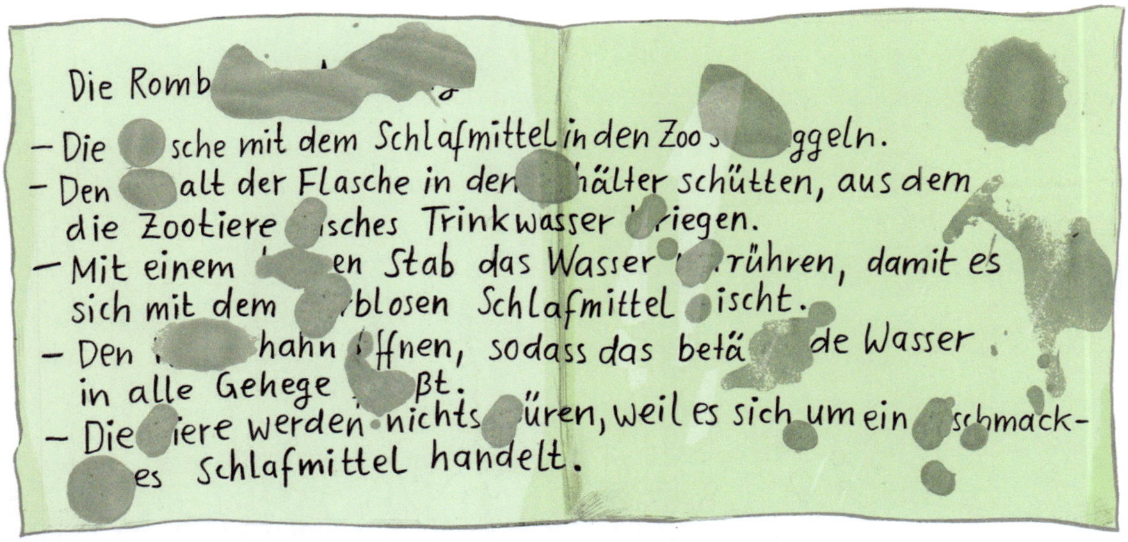

Was ist das?!?
Mit dem Zettel müssen sich die Erdmännchen beschäftigt haben, bevor sie eingeschlafen sind!
Hilf Cliff und Cleo, den fleckigen Zettel zu entziffern:

1 Vervollständige die verdorbenen Wörter mit passenden Silben, sodass ein verständlicher Text entsteht.
Achte auf Groß- und Kleinschreibung.
Verzweifle nicht: **Ein** Wort kannst du erst später, auf den nächsten Seiten vervollständigen!

2 Bestimme, welcher **Wortart** die unleserlichen Wörter angehören.
(Lies Professor Kwirks' Hinweise dazu.)
Schreibe die Wortart jedes Mal darüber.

- **Nomen** (Namenwörter) erkennst du mit der „Artikelprobe“: ***das*** *Erdmännchen,* ***ein*** *Tank*
- **Adjektive** (Eigenschaftswörter) stehen oft direkt vor einem Nomen und bestimmen, **wie** es ist: eine ***kleine*** *Flasche*
- **Verben** (Tätigkeitswörter) drücken aus, **was** geschieht: *Die Tiere* ***schlafen****.*

Mit dem Fund und der Entzifferung dieses Zettels sind Cliff und Cleo der Lösung des Rätsels um die schlafenden Zootiere einen großen Schritt näher gekommen!

3 **a** Schreibe auf, was die beiden inzwischen herausgefunden haben.
b Notiere dann, was bis zur Auflösung des Rätsels noch zu tun bleibt.

Von Atemnot bis Zahnweh

„Mit diesem Zettel aus dem Erdmännchengehege wissen wir jetzt viel mehr als am ersten Tag im Zoo", freut sich Cleo. „Aber gelöst ist das Rätsel damit immer noch nicht!"
„Vielleicht informieren wir uns einmal genauer über Schlafmittel bei Tieren und die Wirkung?", schlägt Cliff vor, zieht ein dickes, reich illustriertes Buch aus dem Regal und schlägt es – ganz hinten auf:

A
Allergien ... 5
Arzneimittel ... 3
Atembeschwerden ... 25
Atemnot ... 26
Aufzucht ... 12
Augenerkrankungen ... 23
Augentropfen ... 23
Augenverletzungen ... 24

B
Bakterien ... 34
Betäubungsmittel ... 52
Bisswunde ... 74
Blinddarm ... 12
Blutuntersuchung ... 12

D
Durchfall ... 44

E
Eier ... 30
Entzündungen ... 25
Erbrechen ... 23
Ernährung ... 21

F
Fell ... 32
Fieber ... 50
Flohbefall ... 11
Fortpflanzung ... 8
Fütterung ... 4

G
Geburt ... 9
Gehörsinn ... 17
Geruchssinn ... 19
Gewichtsverlust ... 13

H
Haarausfall ... 27
Hautveränderungen ... 69
Herz ... 57
Herzerkrankungen ... 58
Hitzschlag ... 48
Husten ... 21

I
Impfungen ... 20

J
Juckreiz ... 36
Jungtiere ... 41

K
Karies ... 23
Körpergewicht ... 6
Körperlänge ... 6
Körpertemperatur ... 6
Krallen ... 30
Krämpfe ... 27

L
Lähmung ... 42
Läusebefall ... 49
Lebererkrankungen ... 20
Lungenentzündung ... 32

M
Magenerkrankungen ... 38
Medikamente ... 31
Milchzähne ... 60

N
Narkose ... 29
Nasenbluten ... 17
Neugeborene ... 42
Niesen ... 32

O
Ohrenerkrankungen ... 69
Ohrenverletzungen ... 70

R
Röntgen ... 32

S
Schluckbeschwerden ... 51
Schnupfen ... 66
Stress ... 61

T
Tollwut ... 60
Tränenfluss ... 39
Trinkwasser ... 55

U
Übelkeit ... 50
Übergewicht ... 62

V
Verband ... 52
Verdauen ... 71
Vergiftungen ... 73
Verhalten ... 48
Verletzungen ... 51
Vitaminmangel ... 62

W
Wärmeverlust ... 52
Wirbelsäule ... 19
Wundbehandlung ... 41
Würmer ... 35

Z
Zahnerkrankungen ... 61

1 a Worin unterscheidet sich dieses **Stichwortverzeichnis** von einem **Inhaltsverzeichnis** (meist **vorn** in einem Buch)?

b Wofür ist ein **Inhaltsverzeichnis** gut und wofür ein **Stichwortverzeichnis**?

2 Überprüfe, ob das Stichwortverzeichnis Wörter zu allen Buchstaben des Alphabets enthält.

3 Suche mit Cliff und Cleo nach dem Stichwort „Schlafmittel".
Auf welcher Buchseite kann man dazu etwas nachlesen?

4 Bevor du enttäuscht bist: Schau im Stichwortverzeichnis auf S. 25 nach, ob du andere Stichwörter entdeckst, unter denen du vielleicht etwas über schlafende Tiere lesen könntest.
Markiere diese Wörter.

Mit dem Stichwort „Betäubungsmittel" finden Cliff und Cleo in dem Nachschlagewerk „Dein Hund hinkt?" den Text auf Seite 27.
Bevor du ihn genau liest, „überfliege" ihn erst einmal.

5 a Lies nur die Überschrift, die Zwischenüberschriften und wirf einen Blick auf das Bild.
b Glaubst du, es lohnt sich, den Text genau zu lesen?
Begründe deine Meinung:

Betäubungsmittel

Gründe für die Betäubung von Tieren

Tiere müssen betäubt werden, wenn sie sich aggressiv verhalten und andere Tiere oder Menschen angreifen.

gefährlich

Tiere werden vom Tierarzt in der Regel vor Operationen oder anderen schmerzhaften Eingriffen betäubt.

Raubtiere wie Löwen oder Tiger müssen immer betäubt werden, wenn der Tierarzt sie untersucht oder behandelt, weil dies sonst zu gefährlich wäre.

Betäubungsarten

Die massivste Betäubungsart ist die Narkose. Sie wird in den oben genannten Fällen angewendet.

Manchmal bekommen Tiere auch Beruhigungs- oder Schlafmittel, damit sie aufregende Situationen wie z. B. eine längere Reise ruhig überstehen. Diese Mittel wirken nicht so intensiv wie die Narkose, dafür aber länger.

Wie kann man betäuben?

Häufig werden Tiere mit Narkosegas betäubt. Dabei wird das Gas über eine Atemmaske und durch einen Gummischlauch direkt in die Lunge geleitet. Der Vorteil ist, dass Tiere, die mit Narkosegas betäubt werden, nach der Operation schnell wieder aufwachen.

Manchmal werden Betäubungsmittel auch mit einer Spritze verabreicht. Gefährliche Tiere werden auch aus sicherer Entfernung betäubt. Dazu verwendet man etwa ein Blasrohr, ein Gewehr oder eine Pistole, mit denen man eine kleine Spritze mit Betäubungsmittel verschießt.

Anders als Narkosemittel werden Schlafmittel meist ins Futter oder Trinkwasser der Tiere gegeben. Häufig wird dafür die „Rombacher Mischung“ verwendet, die geschmacklos ist und vom Körper schnell wieder abgebaut wird.

6 Unterstreiche alle unbekannten Wörter und erkläre am Rand, was sie bedeuten. Wenn du Hilfe brauchst, frage jemanden oder schau in einem Wörterbuch nach.

7 Markiere in jedem Absatz die allerwichtigsten Wörter (so genannte „Schlüsselwörter“).

8 Notiere in Stichpunkten, worum es in den einzelnen Abschnitten des Textes geht:

Abschnitt	Worum geht es?
Z. 1 - 8	drei Gründe …
Z. -	
Z. -	

9 Hast du den Text genau gelesen und alles verstanden? Überprüfe, ob folgende Aussagen darin gemacht werden und kreuze an:

	Richtig	Falsch
• Narkosemittel und Schlafmittel haben dieselbe Wirkung.	☐	☐
• Raubtiere müssen für Untersuchungen nicht immer betäubt werden.	☐	☐
• Ein Schlafmittel wirkt länger als eine Narkose.	☐	☐
• Die „Rombacher Mischung“ ist farblos, hat aber einen unangenehmen Geschmack.	☐	☐

10 Erinnerst du dich an den fleckigen Zettel aus dem Erdmännchengehege (S. 24)? Jetzt kannst du auch die erste Text-Lücke mit dem passenden Wort ergänzen, nicht wahr?

+ wörtl. Rede X

Ein Foto vom Täter?

- **Aussagesätze** enden mit **Punkt**,
- **Fragesätze** mit **Fragezeichen**,
- **Ausrufe**, Bitten, Befehle mit **Ausrufezeichen**.
- **Kommas** gliedern Sätze, die durch Wörter („Konjunktionen") wie ***aber*** und ***weil*** verbunden werden.

Wie aufgeregt Cleo ist, erkennst du daran, wie schnell sie spricht – „ohne Punkt und Komma"!

1 Gliedere ihre Sätze, indem du einfügst:
- sieben passende Satzschlusszeichen,
- zwei fehlende Kommas,
- sechs Großbuchstaben am Satzanfang.

2 **a** Entdeckst du hier etwas Merkwürdiges, Verdächtiges? Umkreise es.
b An welche Seite in diesem „Ferienheft" erinnerst du dich dabei?

Das Haus des Täters?

Wörter mit doppeltem Konsonanten

„Ich bin sicher, Cleo, dass die Tiere in unserem Zoo deshalb schläfrig sind, weil ihnen jemand ein Schlafmittel ins Wasser gekippt hat. Aber wer, und warum?"
„Sag mal, hat nicht der Zoopapagei Pepe ‚Wasser' gekrächzt und ‚schlafen'?"

1 Schau vorn im „Ferienheft" auf der entsprechenden Seite nach:

a Erinnert sich Cleo richtig?

b Was könnte mit dem dritten Wort gemeint sein, das Pepe krächzt?

2 „Mit wem war Pepe ständig zusammen?", fragen sich Cliff und Cleo.
(Das sagt der Zoodirektor an einer Stelle. Erinnerst du dich?)

Cliff und Cleo bekommen vom Zoodirektor zwar nicht seine Hausnummer, aber die Straße. Sie fahren hin:

ck
nicht: tz

Cliff und Cleo nehmen alles ganz genau in Augenschein, um verdächtige Gegenstände zu finden und damit die Wohnung des Verdächtigen.

3 Schau dir den Wohnort genau an und schreibe alle Dinge mit einem grünen Punkt auf. Für ihre richtige Schreibung gibt dir Professor Kwirks einen Tipp.

1 Himmel
2
3
4
5
6
7
8
9
10
11
12
13
14
15
16
17
18
19
20
21
22
23

Nach einem **kurzen Vokal** (Selbstlaut) folgen mindestens **zwei Konsonanten** (Mitlaute): *Wald, Zwerg, finster*

Hörst du nur **einen Konsonanten** nach einem kurzen Vokal, muss er **verdoppelt** werden: *schlimm, Kanne, besser*

Statt ***kk*** schreibt man ***ck*** (*wickeln*), statt ***zz*** schreibt man ***tz*** (*Tatze*).

4 Welche **drei** verdächtigen Gegenstände verraten den Kindern die Wohnung von Tierpfleger Rudi? Umkreise diese Gegenstände im Bild.

Wunderst du dich über die fehlenden Farben auf Seite 30? Damit möchten wir dir eine Freude machen:

5 Du darfst die Zeichnung nach Herzenslust ausmalen!

Gefährliche Begegnung

Cliff und Cleo wissen nun, dass sie das Haus des Täters gefunden haben! Sie beschließen wiederzukommen und alles heimlich zu beobachten.

Mittlerweile war die Nacht hereingebrochen. Das Mondlicht warf unruhige Schatten auf die Bürgersteige. Cliff und Cleo hatten sich von zu Hause weggeschlichen und kauerten hinter einem dicken Baum. Von dort beobachteten sie das Haus des Täters. Sie ahnten nicht, dass sie gleich ein gefährliches Abenteuer erleben würden.

Auf einmal hörten sie ein leises Knarren und die Haustür öffnete sich ganz langsam. Eine dunkle Gestalt huschte heraus und betrat, misstrauisch um sich blickend, die Straße. Die Kinder nahmen wie auf Zehenspitzen die Verfolgung auf. Die Person lief hastig in Richtung Zoo.
Cliff keuchte: „Wir dürfen ihn nicht aus den Augen verlieren."

Mit klopfendem Herzen beobachteten die jungen Detektive, wie die Gestalt den Hintereingang des Zoos ansteuerte und die Tür aufschloss. Sie bewegte sich zielsicher auf das Erdmännchengehege zu. An der Mauer hinter dem Gehege schimmerte ein großer Tank im fahlen Mondschein.
„Deshalb muss er durch das Erdmännchengehege", flüsterte Cliff. „Hier ist der Zugang zum Trinkwassertank."
„Und dazu trägt er Schuhe mit untergeschnallten Krähenfüßen. Damit niemand merkt, dass ein Mensch über den Sand läuft. Man denkt, es sind nur Vögel", stieß die atemlose Cleo hervor.

In diesem Moment knackte ein Zweig unter ihrem Schuh. Die beiden blieben wie angewurzelt stehen. Hatte der Täter etwas gehört? Erleichtert beobachteten sie, dass er ohne zu zögern den Zaun des Erdmännchengeheges überstieg. Einen Moment später kletterten sie geräuschlos hinterher.
Plötzlich zerrte etwas an Cleos Hose: Sie war am Zaun hängengeblieben!
„Verfolg du ihn weiter", drängte sie Cliff. „Ich brauch etwas Zeit, um hier loszukommen."

Cliff setzte die Verfolgung fort. Er beobachtete, wie die dunkle Gestalt den Wassertank erreichte und sich prüfend umschaute. Ihm stockte der Atem, aber der Täter konnte ihn in der Dunkelheit nicht sehen. Jetzt kippte der Schurke den Inhalt einer kleinen Flasche in den Tank, rührte mit einem langen Stab um und öffnete anschließend den Wasserhahn der Leitung, die zu den Trinkgefäßen in allen Käfigen führte. Dann machte er sich eilig auf den Rückweg. Cliff drückte sich eng in eine Nische, sodass er nicht gesehen werden konnte.

Er schlich schnell zum Wassertank und drehte den Hahn hastig wieder zu. Die Tiere waren gerettet. Jetzt schnell zu Cleo!

Seine Cousine hing noch immer fest und sah plötzlich einen großen, dunklen Schatten auf sich zukommen. In Panik zückte sie die Taschenlampe und leuchtete der Gestalt direkt ins Gesicht. Der Täter blieb vor Schreck wie gelähmt stehen und stieß einen überraschten Laut aus. Dann drehte er sich wie der Blitz nach rechts, zog sich an der Mauer zum Elefantenpark hoch und verschwand dahinter.

Cleo atmete erleichtert auf. Da tauchte auch schon Cliff auf. Geschickt befreite er sie aus dem Zaun.
„Komm schnell", rief er, „hinterher!"
Die Kinder folgten dem Weg zum benachbarten Elefantenpark. Trotz der Dunkelheit konnten sie erkennen, dass die Elefanten wach wurden. Während die Gestalt versuchte, über das hintere Gitter zu entkommen, rührten sich die großen Tiere. Sie erhoben sich erstaunlich schnell und trabten auf die dunkle Person zu. Mit ihren riesigen Körpern umringten sie sie und hakten ihre Rüssel unter.
„Hilfe", presste der Umzingelte mit erstickter Stimme hervor.

Im Nu kramte Cleo ihr Handy aus der Tasche und rief die Polizei und den Zoodirektor an, die ihnen nach kurzer Zeit zur Hilfe eilten.

1 Lies zunächst nur die Einleitung der Geschichte (Zeile 1–5).
Notiere:

Wann ? ______________________

Wo ? ______________________

Wer ? ______________________

2 Auf welche Weise macht die Einleitung auf das Folgende neugierig?
Unterstreiche die Textstelle.

3 Lies jetzt die ganze Geschichte.
Notiere in Stichpunkten, wovon die Absätze 2–9 handeln (jeder Absatz mit einem übergroßen Anfangsbuchstaben).
Zwei Vorschläge macht Professor Kwirks auf Seite 35. Du kannst sie übernehmen.

2. Absatz: *Verfolgung einer* ______________________

↓

3. Absatz: ______________________

↓

4. Absatz: ______________________

↓

5. Absatz: ______________________

↓

6. Absatz: ______________________

↓

7. Absatz: ______________________

↓

8. Absatz: ______________________

↓

9. Absatz: ______________________

- „Die böse Tat“
- „Vorm Erdmännchengehege“

Damit kannst du zwei Absätze zusammenfassen.

4 Beim Lesen kannst du dir besonders gut vorstellen, wie der Täter, die Kinder, die Elefanten und schließlich die Polizei und der Zoodirektor **sich fortbewegen**.
Schreibe die entsprechenden **Verben** (Tätigkeitswörter) aus dem Text heraus:

5 Wie reden Cliff und Cleo während der Verfolgungsjagd miteinander?
Wie äußert sich der Täter?
Trage die entsprechenden **Verben** in die Sprechblasen ein:

6 Wie heißt es im Text?

a Das Mondlicht warf ______________________ Schatten auf die Bürgersteige. (Z. 1 f.)

b Markiere im gesamten Text vor den großgeschriebenen Nomen (Namenwörtern) die Wörter, die sie genauer bestimmen.

Tipp
Mit **Adjektiven** („Eigenschaftswörtern“) kannst du besondere **Eigenschaften** von Nomen hervorheben.

7 **Wörtliche Reden** machen jede Erzählung lebendig und spannend!
Markiere alle wörtlichen Reden im Text.

8 Trage alle hier weggelassenen Satzzeichen ein (notfalls darfst du „spicken“):

Cliff keuchte   Wir dürfen ihn nicht aus den Augen verlieren

Komm schnell   rief er   hinterher

Wer? – Was? – Wem?

Während Tierwärter Rudi aufs Polizeirevier transportiert wird, machen Cliffs Eltern sich auf den Weg zum Zoo, um die Kinder endlich nach Hause zu holen. Inzwischen versuchen die beiden dem Kommissar stolz, begeistert und gleichzeitig das Rätsel der schlafenden Tiere zu erklären. Da sich auch der Zoodirektor zu Wort meldet, versteht Kommissar Perko nur die Hälfte:

1 Stell dir vor, du bist Kommissar Perko und fragst Cliff, Cleo und den Zoodirektor nacheinander nach den unverständlichen Wörtern in ihren Äußerungen.
Stell die Fragen – es sind acht – und antworte knapp:

Fragen von Kommissar Perko	Antworten von Cliff, Cleo, Zoodirektor	Satzglied
Was habe ich getan?	Sie haben einen Kerl ______ ______	Prädikat
Wer hat ge______ ______?	Die ______ haben geschlafen.	______
Was hast du rechtzeitig ______?	Ich habe ______ ______	______
Wer hat ______ ______?	______ ______	______
______ eigentlich ______	______ ______	______
______ ______	Rudi ______ ______	______
______ musste ______ ______	______ entlassen.	______
______ wollte ______ ______	______ ______ rächen.	______

Hast du alle acht Fragen von Kommissar Perko gestellt und beantwortet?

2 Überprüfe:

a Mit welcher **Wortart** – Nomen, Verb, Adjektiv, Pronomen – hast du auf die Frage „**Was** habe ich / hast du / hat R. **getan**?" geantwortet?

b Mit welcher **Wortart** hast du auf die Frage „**Wer** hat / musste ...?" geantwortet?

Information	Prädikat (Satzaussage) und Subjekt (Satzgegenstand)

Auf die Frage
***Was tut** xy?*   ***Was hat** xy **getan**?*
antwortet man im Satz mit einem **gebeugten Verb**:
*xy **schläft**.*   *xy **hat geschlafen**.*   *xy **läuft**.*   *xy **ist gelaufen**.*
Dieses gebeugte Verb bildet das Satzglied **das Prädikat**.

Auf die Frage
***Wer** tut etwas?*   ***Wer** hat etwas getan?*
antwortet man im Satz mit einem **Nomen** oder **Pronomen**:
***Die Tiere** schlafen.*   ***Wir** sind gelaufen.*
Dieses Nomen oder Pronomen bildet das Satzglied **das Subjekt**.

3 Trage in der Tabelle auf Seite 37 in der rechten Spalte ein, ob es sich bei den Satzgliedern um ein **Prädikat** oder ein **Subjekt** handelt.

„Wie seid ihr dem Tierpfleger eigentlich auf die Spur gekommen?", wollen Kommissar Perko und der Zoodirektor von Cliff und Cleo wissen.
Das muss man die beiden nicht zweimal fragen und sie sprudeln los:

Also zuerst haben wir die ______________ der schlafenden Tiere fotografiert.

Außerdem haben wir einem ______________ eine E-Mail geschrieben.

Später haben wir im Erdmännchengehege einen verdächtigen ______________ entdeckt.

Dann habe ich ______________ ein Foto gegeben. Das zeigt ganz komische ______________.

Mit Hilfe des Zoodirektors haben wir die ______________ des Täters gefunden.

Und heute Abend sind wir ______________ bis in den Zoo nachgeschlichen.

4 Beantworte die Frage von Kommissar Perko:
Trage das fehlende Wort an der passenden Stelle in der ersten Äußerung von Cliff und Cleo ein.

5 **a** Frage mit der richtigen **W-Frage** nach den sechs anderen unverständlichen Wörtern:
„**Wem** habt ihr ...?"
„**Was** habt ihr ...?"
b Füll die Lücken in Cliffs und Cleos Sprechblase mit passenden Nomen.

Information	Akkusativobjekt und Dativobjekt

In einem Satz steht auf die Frage
„***Wen/Was*** + gebeugtes Verb ...?" ein **Nomen** oder **Pronomen** im 4. Fall:
*„**Wen/Was** fotografiert Cleo?" – „Cleo fotografiert **die Fußabdrücke / sie**."*
Dieses Satzglied heißt **Akkusativobjekt**.

In einem Satz steht auf die Frage
„***Wem*** + gebeugtes Verb ...?" ein **Nomen** oder **Pronomen** im 3. Fall:
*„**Wem** hilft Cliff?" – „Cliff hilft **seinem Freund / ihm**."*
Dieses Satzglied heißt **Dativobjekt**.

6 Notiere neben den von dir eingetragenen Lückenwörtern in der Sprechblase auf S. 38, ob es sich um ein **Akkusativobjekt** (AO) handelt oder um ein **Dativobjekt** (DO).

Jetzt erscheinen Cliffs Eltern und haben einige Fragen an die beiden „Detektive":

„**Wer** hat euch eigentlich erlaubt, so spät abends allein das Haus zu verlassen?" — *„Eigentlich* ____________

„**Was** habt ihr auf dem Weg zum Zoo alles **getan**?" — *„Wir haben* ____________

„**Wen** habt ihr verfolgt?" ____________

„**Wem** seid ihr im Zoo noch begegnet?" ____________

7 **a** Antworte möglichst in ganzen Sätzen.
b Unterstreiche in deinen Antworten **Subjekt**, **Prädikat**, **Akkusativobjekt** und **Dativobjekt**.

Grü?e aus Nomburg!

Wörter mit ss und ß

Cleo schreibt ihrer Oma einen Brief, in dem sie ihr von den Zootieren und ihrer Rettung berichtet. Um deine Rechtschreibkenntnis zu testen, haben wir alle s-Laute weggelassen.

Nomburg, 12.08.2013

Liebe Oma,

ich hatte in den letzten Tagen bei Cliff hier in Nomburg viel Spa___ und mu___ dir unbedingt von unseren spannenden Erlebni___en berichten!

Wir haben bei einem Zoobesuch festgestellt, da___ etwas mit den Tieren nicht stimmt, und sind schlie___lich auf die hei___e Spur gekommen: Ein Tierpfleger, der sich für seine Entla___ung rächen wollte, hat das Trinkwa___er der Zootiere vergiftet - scheu___lich! Damit durch seine Fu___spuren nicht auffällt, da___ er bei seinem Weg zum Wa___ertank durch das Erdmännchengehege läuft, hat der geri___ene Kerl Schuhe mit druntergeschnallten Krähenfü___en verwendet!

Du wirst es nicht glauben: Am Schlu___ haben uns sogar die Elefanten mit ihren gro___en Rü___eln geholfen und den Täter festgehalten.

Viele Grü___e

Deine Cleo

Fehlt hier ***ss*** oder ***ß***?
Professor Kwirks gibt dir Tipps.

1 Sprich die unvollständigen Wörter laut, setze
- unter den kurzen Vokal vor dem s-Laut einen „**.**“,
- unter den langen Vokal und ***ei*** usw. einen „**_**“.

2 Setze ***s*** oder ***ß*** richtig ein.

Nach den **kurzen Vokalen** (Selbstlauten) ***a, e, i, o, u*** und den **kurzen Umlauten** ***ä, ö, ü*** steht meistens ***ss***: *wissen, küssen, Fässer.*
Nach **langem Vokal** und Umlaut und nach ***ei, eu, au, äu*** wird das stimmlose ***s*** meist ***ß*** geschrieben: *Gruß, fließen, draußen, Füße*

Des Rätsels Lösung

Im Zoo ist man überglücklich, dass das Rätsel der schlafenden Tiere gelöst ist, und veranstaltet ein Sommerfest zu Ehren von Cliff und Cleo.
Eine Reporterin kommt vorbei und bittet die Kinder, noch einmal kurz und knapp über das Geschehene zu berichten.

Ein entlassener ____________________

____

____

Das passierte ____________________

____

____

Rudi hat die Tiere betäubt, indem er

____

____

____

Damit niemand seine Fußspuren ____________________

____

____

Vor seinem Haus entdeckten wir

____

____

____

Abends im Zoo haben wir

beobachtet, ____________________

____

____

____

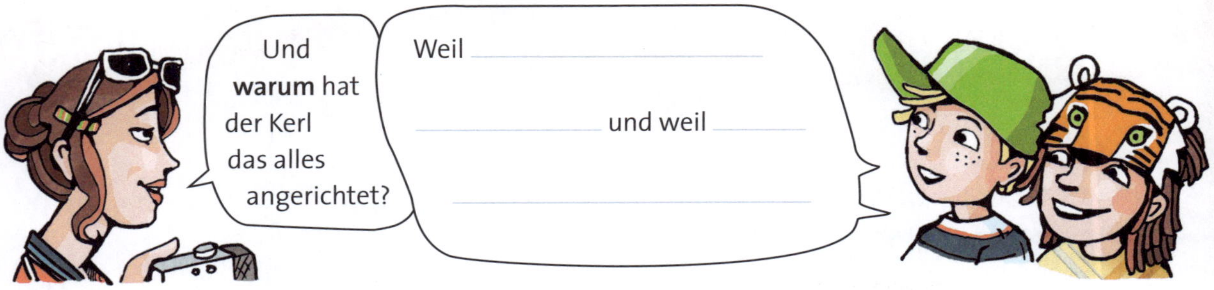

1 Beantworte für Cliff und Cleo die Fragen der Journalistin.

2 Schreibe einen kurzen Bericht (eine „Meldung“) für die „Nomburger Nachrichten“ über das Rätsel der schlafenden Tiere und seine Lösung.
Erwähne die beiden 10-jährigen „Detektive“ mit „Cliff N.“ und „Cleo T.“.

______

Nomburg

Am Beginn der Sommerferien betäubte ______

______

______

______

______

______

______

______

______

!! Verwende die Verben im **Präteritum**:
hat gekippt ⇨ kippte
sind gegangen ⇨ gingen

3 Finde eine knappe Überschrift für deinen Artikel.

Heiße Tipps

Bücher für die Ferien

Ich hoffe, es hat dir Spaß gemacht, die Bilder in diesem Ferienheft zu betrachten, die interessanten Texte zu lesen, die Fragen zu beantworten und vor allem zusammen mit Cliff, Cleo und meinen Tipps das Rätsel der schlafenden Tiere zu lösen!
Wenn du Lust auf mehr hast ...

Hat dich besonders beeindruckt, wie Cliff und Cleo dem Tierpfleger Rudi auf die Schliche gekommen sind?

Dann gefallen dir sicher auch „Die drei ??? Kids – Panik im Paradies“, denn da geht es auch um rätselhafte Ereignisse in einem Zoo.

Wenn du außergewöhnliche Tiergeschichten wieder oder neu lesen möchtest, dann ist diese schön bebilderte Sammlung bestimmt nach deinem Geschmack!

Vielleicht interessierst du dich besonders für Zootiere und möchtest mehr darüber erfahren.

In dem Was-ist-was-Buch „Tiere im Zoo“ kannst du dich unter anderem über den Alltag im Zoo, den Bau von Gehegen und über bedrohte Tierarten informieren.

Lösungen

Seite 5

1 Das ist mein **Fernglas**.
Damit kann ich **beobachten**, was auf der **Straße** so los ist.

Mit der **Taschenlampe** kann ich nachts heimlich unter der Bettdecke **lesen**.

In den **Notizbblock schreibe** ich, was mir Wichtiges einfällt und was ich nicht vergessen darf.

2 Dir fällt zu Cliff nichts ein? – Na, das wird sich bestimmt ändern!

Seite 6

1 Mögliche Lösungen:
Cliff und Cleo könnten an den Badesee / mit den Rädern durchs Viertel fahren / auf einen Aussichtsturm steigen / mit Bus oder Straßenbahn ins Zentrum fahren / fernsehen / im Zimmer spielen

Seite 7

3

Cliff (Zoo)		Cleo (Kino)				
der Zwerg	k	pflegen	e	die Burg	g	verständlich
g		ä		k		~~e~~ | ä
die Freude	d	der San__	p	er lebt	d	der Hund
~~äu~~ | eu		t		b		t
es spukt	k	die Häuser	eu	sie trinkt	k	der Weg
g		äu		g		~~k~~ | g
der Plane__	p	es gibt	t	das Bil__	e	ängstlich
t		b		d		ä
gef__hrlich	e	der Tag	g	es klebt	p	der Abend
ä		k		b		~~t~~ | d
abz__hlen	k	der Berg	g	sie sagt	eu	die Fäuste
ä		g		k		äu
er glau__t	b	blenden	e	das Fahrrad	t	er hupt
p		ä		d		~~b~~ | p
Zirkus		Naturkundemuseum		**Zoo**		**Kino**

Seite 8

1 Ideen für die Geschichte sind dir sicher eingefallen.
Unser Lösungsvorschlag für eine ganze Geschichte folgt direkt anschließend.

Seite 9

5 So könnte Cliffs Geschichte lauten:
Meine Cousine Cleo besucht mich in den Ferien. Schon in der ersten halben Stunde habe ich gemerkt, wie stolz sie auf ihr Smartphone ist.
„Wenn ich ihr das verstecke?", dachte ich.
Während Cleo ein bisschen schlief, steckte ich das Smartphone ein. „Wohin damit?"
Unter meinen Notizblock auf dem Schreibtisch!
Schon stürzte Cleo herein und fragte aufgeregt nach dem Gerät. „Keine Ahnung", sagte ich und holte mir in der Küche ein Glas Wasser. Meine Cousine beruhigte sich bald, was mich ein bisschen wunderte.
Als mich mitten in der Nacht eine Wasserbombe aus dem Schlaf riss, wusste ich warum: Cleo hatte ihr Smartphone auf meinem Schreibtisch gefunden und nahm jetzt wässrige Rache!

Seite 10

1 *Cliff meint, dass der Papagei im Zoo am besten aufgehoben ist.*
Cleo ist der Meinung, dass ein Aushang hilft.

2 a Jeweils **zwei** Gründe nennen Cliff und Cleo.

Seite 11

3 Mögliche Begründungen:
*Der Papagei gehört wirklich in den Zoo, **denn** dort hat er viel Platz.*
*… , **weil** er da nicht allein ist.*
*Ein Aushang hat den Vorteil, **dass** man damit schnell und einfach über den Vogel informieren kann.*
*… , **dass** wir vielleicht Finderlohn bekommen.*

4 Mögliche Meinungen:
- *Jch würde den Papagei für mich behalten.*
- *Jch würde mit dem Papagei ins Tierheim gehen.*
- *Jch würde ihn in eine Zoohandlung bringen.*
- *Jch würde ihn wegfliegen lassen.*

5 Mögliche Gründe:
- *Jch wollte immer schon einen Papagei haben.*
- *Jm Tierheim weiß man über Papageien Bescheid.*
- *Vielleicht kann ich ihn verkaufen.*
- *Der Papagei macht Krach und Arbeit.*

6 Mögliche Lösungen:
Jch würde den Papagei ins Tierhiem bringen, denn dort kennt man sich mit einem solchen Vogel aus.

Seite 12

3 Merkwürdig ist, dass die Tiere entweder schlafen oder unsichtbar sind.

Seite 13

2 *das ist das zebragehege. aber das zebragehege ist leer.*
wo sind die zebras?

hier sehen wir den tigerkäfig. ein tiger liegt hinten in der ecke. der tiger sieht aus, als ob er schläft.

die flamingos auf dem foto stehen alle auf einem bein. die flamingos haben den kopf in das gefieder gesteckt.
die flamingos schlafen alle!

das ist knuti, ein braunbär. der braunbär gilt als sehr gefährlich. stimmt das wirklich, knuti?

3 **a** Ein Nomen erkennt man im Satz am vorangehenden
- bestimmten Artikel: ***der*** *Affe,* ***dem*** *Krokodil,* ***den*** *Schlangen*
- unbestimmten Artikel: ***eine*** *Giraffe,* ***einem*** *Löwen,* ***einer*** *Hyäne*

b *das Zebragehege* (2 x) *- die Zebras*
den Tigerkäfig - ein Tiger - der Ecke - der Tiger
die Flamingos - dem Foto - einem Bein - die Flamingos - den Kopf - das Gefieder - die Flamingos
ein Braunbär - der Braunbär

4 **a** In allen vier Bildunterschriften – die ja möglichst kurz sein müssen – werden verschiedene Wörter kurz hintereinander wiederholt:
zweimal „Zebragehege“, zweimal „Tiger“, dreimal „Flamingos“, zweimal „Braunbär“.

b Das ist das Zebragehege. Aber es ist leer.
Ein Tiger liegt hinten in der Ecke. Er sieht aus, als ob er ...
Die Flamingos stehen auf einem Bein. Sie haben den Kopf ... gesteckt. Sie schlafen alle.
Das ist Knuti, ein Braunbär. Er gilt als sehr gefährlich.

5 *Der Nomburger Zoo mit seinen Gehegen. Sie zeigen entweder schlafende Tiere oder gar keine.*

Seite 14

1

Hallo Mama, Papa,

wir haben uns entschieden, heute noch einmal in den Zoo zu gehn. Wir sind nämlich ziemlich beunruhigt, weil wir glauben, dass mit den Tieren etwas nicht stimmt. Sie liegen den lieben, langen Tag schlafend in der Ecke. Wir möchten ihnen helfen!

Der Zoodirektor hat uns zum Glück freien Eintritt für die ganzen Sommerferien versprochen. Wir sind um sieben Uhr wieder zu Hause. Wartet ihr bitte mit dem Abendessen auf uns?

Cliff

Seite 15/16

1

vor Längerem	vor Kurzem	im Augenblick	in Zukunft
❶ *besuchte Zoo, sah viele Tiere*		*nur schlafende Tiere, leere Gehege*	
❷	*hergekommen, kein waches Tier*		*nach Haus gehen, nie wiederkommen*
❸ *viele Besucher kamen*	*Besucherzahlen zurück-gegangen, erst 20 Karten verkauft*		
❹	*keine Krankheit*	*Sorgen um die Tiere*	*keine Besucher mehr, Zoo schließen*

2 a

❶ Vor einem Monat besuchte ich den Zoo und sah ganz viele Tiere. Heute entdecke ich leider nur schlafenden Tiere oder stehe vor ganz leeren Gehegen.

❹ Bald werden gar keine Besucher mehr in den Zoo kommen und wir werden schließen. Im Augenblick mache ich mir große Sorgen um die Tiere! Vor Kurzem hat unser Tierarzt bei einer Untersuchung allerdings keine Krankheit festgestellt.

❷ Vor einer halben Stunde bin ich hergekommen und habe noch kein einziges waches Tier gesehn! Gleich werde ich wieder nach Hause gehn und werde nie mehr wiederkommen.

❸ Vor ein paar Wochen kamen viele Besucher in unseren Zoo. Aber in den letzten Tagen sind die Besucherzahlen zurückgegangen. Und heute Morgen habe ich erst zwanzig Eintrittskarten verkauft.

2 b **vor Längerem**: Präteritum **vor Kurzem**: Perfekt **im Augenblick**: Präsens **in Zukunft**: Futur

3 *Eigentlich haben sie zur Lösung des Rätsels nichts erfahren. Nur dies, dass die Tiere nicht krank sind.*

Seite 17

1

2 Mögliche Lösungen:
Rothirschgelände, Bärenhöhle, Tigerkäfig, Elefantenhaus, Pinguinfelsen, Zebragehege, Eulenhaus, Ententeich

Seite 18

3 *Erdmännchen- und Krähenspuren sind zu sehen.*

4 *Die Krähenspuren wirken sehr tief eingedrückt. Außerdem ist jede Krähenspur von einer Schuhsohle „eingerahmt". Das wirkt so, als hätte sich jemand Krähenfüße unter die Schuhsohlen geschnallt und sei damit durch das Erdmännchengehege gelaufen.*

6 b Der bestimmte Artikel wird vom zweiten, dem **hinteren** Wort in der Zusammensetzung (dem **Grundwort**) festgelegt.

Seite 19

2 Mögliche Antworten von Cliff und Cleo:

Früher **ging** es dem Zoo und seinen Tieren **gut**. = **Präteritum** für Geschehen vor längerer Zeit

Jetzt **schlafen** die Tiere den ganzen Tag.
Es **scheint** ihnen also nicht gut zu gehen. = **Präsens** für jetziges Geschehen

Wir **haben** Fotos von den Gehegen **gemacht**.
Außerdem **haben** wir Zoobesucher,
die Ticketverkäuferin und den Zoodirektor **befragt**. = **Perfekt** für kürzlich Passiertes

Wir **werden** morgen noch einmal
zum Erdmännchengehege **gehen** und
werden dort nach weiteren Spuren **suchen**. = **Futur** für zukünftiges Geschehen

Seite 20

1

Hallo Lukas,
ich hoffe, dass es **dir** gut geht und **du deine** Sommerferien genießt, genauso wie Cleo und ich.
Sie ist gerade 14 Tage hier in Nomburg und wir haben ein Problem, bei dem uns **dein** Rat willkommen ist. Mit den Tieren im Nomburger Zoo stimmt etwas nicht! Sie ziehen sich zurück und schlafen die ganze Zeit. Weil **du** auf einem Bauernhof wohnst, kennst **du dich** doch gut mit Tieren aus. Hast **du** eine Idee, was ihnen fehlen könnte?
Es wäre schön, wenn **deine** Antwort schnell käme. Falls **dir** etwas dazu einfällt.

Viele Grüße
Cliff

Seite 21

2

Lieber Herr Dr. Schönenberg,
als Erstes möchte ich mich noch einmal ganz herzlich bei **Ihnen** dafür bedanken, dass **Sie** mein Meerschweinchen letzte Woche so gut versorgt haben!
Ich schreibe **Ihnen** heute, weil **Sie** sich als Tierarzt sicher auch mit größeren Tieren auskennen und ich dazu eine Frage an **Sie** habe: Ich bin in den Ferien gerade hier in Nomburg und habe festgestellt, dass etwas mit den Tieren im Zoo nicht stimmt. Sie schlafen rund um die Uhr! Daher überlege ich, ob sie vielleicht eine Schlafkrankheit haben. Kennen **Sie** sich damit aus? Oder fällt **Ihnen** etwas anderes ein, was den Tieren fehlen könnte? Antworten **Sie** mir doch bitte bald, damit die armen Zootiere mit **Ihrer** Hilfe gerettet werden!

Schon jetzt vielen Dank an **Sie** von
Cleo Templin

Seite 22

1

	Richtig	Falsch
• Bei Tieren gibt es überhaupt keine Schlafkrankheiten.	☐	☒
• Wegen des Verhaltens der Zootiere muss man sich Sorgen machen.	☒	☐
• Schädliches menschliches Verhalten ist hier ausgeschlossen.	☐	☒
• Das Trinkwasser für die Zootiere ist besonders verdächtig.	☒	☐

2 Cliff und Cleo können den Zoodirektor informieren.
Sie können überprüfen, ob es im Zoo merkwürdig riecht.
Der Verdacht des Tierarztes: „Jemand vergiftet die Tiere vielleicht!“ erinnert die Kinder an die merkwürdigen Krähen- und Fußspuren im Erdmännchengehege (siehe Seite 18).

3 **a** Zeile 2: **D**ein   Zeile 3: **D**einer   Zeile 10: **d**ir, **d**u
b Entweder schreibt man **alle** diese Anredepronomen **groß**, oder man schreibt sie **alle klein**.

Seite 23

1 Das gefaltete Stück grünliches Papier auf dem liegenden Baumstamm hat nichts in dem Gehege verloren.

Seite 24

1/2

Die Romb ????

Nomen *Verb*
- Die Flasche mit dem Schlafmittel in den Zoo schmuggeln.

Nomen *Nomen* *Adjektiv* *Verb*
- Den Inhalt der Flasche in den Behälter schütten, aus dem die Zootiere frisches Trinkwasser kriegen.

Adjektiv *Verb* *Adjektiv* *Verb*
- Mit einem langen Stab das Wasser umrühren, damit es sich mit dem farblosen Schlafmittel mischt.

Nomen *Verb* *Adjektiv* *Verb*
- Den Wasserhahn öffnen, sodass das betäubende Wasser in alle Gehege fließt.

Nomen *Verb* *Adjektiv*
- Die Tiere werden nichts spüren, weil es sich um ein geschmackloses Schlafmittel handelt.

3 **a** *Es ist so gut wie sicher, dass jemand die Zootiere mit einem Schlafmittel betäubt hat.*
b *Der Täter muss gefunden werden.*

Seite 26

1 **a** *Das **Stichwortverzeichnis** enthält einzelne* (Stich-)*Wörter* (=wichtige Wörter), *nach dem Alphabet geordnet. Das **Jnhaltsverzeichnis** enthält die Überschriften im Buch, nach der Seitenzahl geordnet.*
b *Wenn man wissen möchte, was überhaupt alles in einem Buch steht, hilft das **Jnhaltsverzeichnis**. Wenn man nach einem bestimmten Wort* (Begriff) *sucht – z. B. „Schlafmittel" –, ist man mit dem **Stichwortverzeichnis** schneller. Allerdings muss man sich mit dem Alphabet auskennen!*

2 In dem Stichwortverzeichnis fehlen Wörter mit **C**, **P**, mit **Q**, mit **X** und mit **Y**.

3 Das Stichwort „Schlafmittel" kommt im Buch gar nicht vor!

4 Unter ***Betäubungsmittel***, ***Narkose*** (Fremdwort für „Betäubung") und ***Vergiftungen*** findet man bestimmt etwas über schlafende Tiere!

5 *Ja, die Lektüre lohnt sich, weil man darin etwas über die verschiedenen Betäubungsarten von Tieren erfährt, auch über ihre Wirkung.*

Seite 28

6/7

Betäubungsmittel

Gründe für die Betäubung von Tieren

Tiere müssen betäubt werden, wenn sie sich aggressiv verhalten und andere Tiere oder Menschen angreifen. gefährlich

Tiere werden vom Tierarzt in der Regel vor Operationen oder anderen schmerzhaften Eingriffen betäubt.

Raubtiere wie Löwen oder Tiger müssen immer betäubt werden, wenn der Tierarzt sie untersucht oder behandelt, weil dies sonst zu gefährlich wäre.

Betäubungsarten

Die massivste Betäubungsart ist die Narkose. Sie wird in den oben genannten Fällen angewendet. stärkste Betäubung

Manchmal bekommen Tiere auch Beruhigungs- oder Schlafmittel, damit sie aufregende Situationen wie z. B. eine längere Reise ruhig überstehen. Diese Mittel wirken nicht so intensiv wie die Narkose, dafür aber länger. stark

Wie kann man betäuben?

Häufig werden Tiere mit Narkosegas betäubt. Dabei wird das Gas über eine Atemmaske und durch einen Gummischlauch direkt in die Lunge geleitet. Der Vorteil ist, dass Tiere, die mit Narkosegas betäubt werden, nach der Operation schnell wieder aufwachen.
Manchmal werden Betäubungsmittel auch mit einer Spritze verabreicht. gegeben
Gefährliche Tiere werden auch aus sicherer Entfernung betäubt. Dazu verwendet man etwa ein Blasrohr, ein Gewehr oder eine Pistole, mit denen man eine kleine Spritze mit Betäubungsmittel verschießt.
Anders als Narkosemittel werden Schlafmittel meist ins Futter oder Trinkwasser der Tiere gegeben. Häufig wird dafür die „Rombacher Mischung" verwendet, die geschmacklos ist und vom Körper schnell wieder abgebaut wird.

8

Abschnitt	Worum geht es?
Z. 1 - 8	drei Gründe für das Betäuben von Tieren
Z. 9 - 14	Über Narkose, Beruhigungs- und Schlafmittel
Z. 15 - 26	Narkosegas, Spritzen, „Rombacher Mischung"

9

	Richtig	Falsch
• Narkosemittel und Schlafmittel haben dieselbe Wirkung.	☐	☒
• Raubtiere müssen für Untersuchungen nicht immer betäubt werden.	☐	☒
• Ein Schlafmittel wirkt länger als eine Narkose.	☒	☐
• Die „Rombacher Mischung" ist farblos, hat aber einen unangenehmen Geschmack.	☐	☒

10 *Rombacher Mischung steht ganz oben auf dem Zettel im Erdmännchengehege.*

Seite 29

1

Cliff, du musst sofort mitkommen!
Mir ist gerade was super Wichtiges eingefallen.
Erinnerst du dich an die Fotos aus dem Zoo?
Die Tierspuren haben wir schon untersucht, aber es gibt ja noch andere Fotos.
Wir müssen ein Bild mit möglichst vielen Füßen von Zoobesuchern finden, weil das den Täter verrät.
Das hoff ich!
Komm gleich mit!

2 **a** Hier trägt jemand mitten im Sommer Stiefel mit seltsamen Sohlen, mit „Krähenfüßen".
b Sicher erinnerst du dich an Seite 18 mit den Krähenspuren und Schuhsohlen drumherum.

Seite 30

1 **a** Siehe Seite 8: Pepe krächzt wirklich „Wasser" und „schlafen".
b „Rache" krächzt Pepe auch noch: Vielleicht sind die Tiere **aus Rache** betäubt worden?

2 Pepe und der Tierpfleger Rudi „waren unzertrennlich", sagt der Zoodirektor auf Seite 12.

Seite 31

3 *Himmel, Antenne, Sonne, Tanne, Hecke, Mülltonne, Schlafmittel, Gießkanne, Spatz, Jacke, Latzhose, Baumstamm, Regenrinne, Dackel, Ball, Putzeimer, Hausnummer, Satellitenschüssel, Katze, Kellerfenster, Socken, Pullover, Schubkarre*

4 **Gummistiefel**, **Latzhose**, **Schlafmittel** verraten Cliff und Cleo den Wohnort von Tierpfleger Rudi.

Seite 34

1

Wann?	*in der Nacht*
Wo?	*vor dem Haus des Täters*
Wer?	*Cliff und Cleo*

2 Sie ahnten nicht, ... Abenteuer erleben würden. (Z. 4 f.)

3 2. Absatz: Verfolgung einer dunklen Gestalt
3. Absatz: Vorm Erdmännchengehege
4. Absatz: Cliff und Cleo müssen sich trennen
5. Absatz: Die böse Tat
6. Absatz: Cliff greift ein
7. Absatz: Cleo vertreibt den Täter
8. Absatz: Elefanten fassen den Täter
9. Absatz: Hilfe trifft ein

Seite 35

4 weggeschlichen (Z. 2f.) – huschte (Z. 7) – betrat (Z. 7) – lief (Z. 9) – ansteuerte (Z. 12) – bewegte sich (Z. 13) – überstieg (Z. 23) – kletterten (Z. 24) – setzte fort (Z. 28) – schlich (Z. 37) – zukommen (Z. 40) – trabten (Z. 51) – umringten (Z. 52) – eilten (Z. 55)

5 Cliff: keuchte (Z. 10) - flüsterte (Z. 16) - rief (Z. 47)
Cleo: stieß hervor (Z. 20) - drängte (Z. 26)
der Täter: presste hervor (Z. 53)

6/7

Mittlerweile war die Nacht hereingebrochen. Das Mondlicht warf unruhige Schatten auf die Bürgersteige. Cliff und Cleo hatten sich von zu Hause weggeschlichen und kauerten hinter einem dicken Baum. Von dort beobachteten sie das Haus des Täters. Sie ahnten nicht, dass sie gleich ein gefährliches Abenteuer erleben würden.

Auf einmal hörten sie ein leises Knarren und die Haustür öffnete sich ganz langsam. Eine dunkle Gestalt huschte heraus und betrat, misstrauisch um sich blickend, die Straße. Die Kinder nahmen wie auf Zehenspitzen die Verfolgung auf. Die Person lief hastig in Richtung Zoo. Cliff keuchte: „Wir dürfen ihn nicht aus den Augen verlieren."

Mit klopfendem Herzen beobachteten die jungen Detektive, wie die Gestalt den Hintereingang des Zoos ansteuerte und die Tür aufschloss. Er bewegte sich zielsicher auf das Erdmännchengehege zu. An der Mauer hinter dem Gehege schimmerte ein großer Tank im fahlen Mondschein.
„Deshalb muss er durch das Erdmännchengehege", flüsterte Cliff. „Hier ist der Zugang zum Trinkwassertank."
„Und dazu trägt er Schuhe mit untergeschnallten Krähenfüßen. Damit niemand merkt, dass ein Mensch über den Sand läuft. Man denkt, es sind nur Vögel", stieß die atemlose Cleo hervor.

In diesem Moment knackte ein Zweig unter ihrem Schuh. Die beiden blieben wie angewurzelt stehen. Hatte der Täter etwas gehört? Erleichtert beobachteten sie, dass er ohne zu zögern den Zaun des Erdmännchengeheges überstieg.

Einen Moment später kletterten sie geräuschlos hinterher.
Plötzlich zerrte etwas an Cleos Hose: Sie war am Zaun hängengeblieben! „Verfolg du ihn weiter“, drängte sie Cliff. „Ich brauch etwas Zeit, um hier los zukommen.“

Cliff setzte die Verfolgung fort. Er beobachtete, wie die dunkle Gestalt den Wassertank erreichte und sich prüfend umschaute. Ihm stockte der Atem, aber der Täter konnte ihn in der Dunkelheit nicht sehen. Jetzt kippte der Schurke den Inhalt einer kleinen Flasche in den Tank, rührte mit einem langen Stab um und öffnete anschließend den Wasserhahn der Leitung, die zu den Trinkgefäßen in allen Käfigen führte. Dann machte er sich eilig auf den Rückweg. Cliff drückte sich eng in eine Nische, sodass er nicht gesehen werden konnte.

Er schlich schnell zum Wassertank und dreht den Hahn hastig wieder zu. Die Tiere waren gerettet. Jetzt schnell zu Cleo!

Seine Cousine hing noch immer fest und sah plötzlich einen großen, dunklen Schatten auf sich zukommen. In Panik zückte sie die Taschenlampe und leuchtete der Gestalt direkt ins Gesicht. Der Täter blieb vor Schreck wie gelähmt stehen und stieß einen überraschten Laut aus. Dann drehte er sich wie der Blitz nach rechts, zog sich an der Mauer zum Elefantenpark hoch und verschwand dahinter.

Cleo atmete erleichtert auf. Da tauchte auch schon Cliff auf. Geschickt befreite er sie aus dem Zaun.
„Komm schnell“, rief er, „hinterher!“
Die Kinder folgten dem Weg zum benachbarten Elefantenpark. Trotz der Dunkelheit konnten sie erkennen, dass die Elefanten wach wurden. Während die Gestalt versuchte, über das hintere Gitter zu entkommen, rührten sich die großen Tiere. Sie erhoben sich erstaunlich schnell und trabten die dunkle Person zu. Mit ihren riesigen Körpern umringten sie sie und hakten ihre Rüssel unter. „Hilfe“, presste der Umzingelte mit erstickter Stimme hervor.

Im Nu kramte Cleo ihr Handy aus der Tasche und rief die Polizei und den Zoodirektor an, die ihnen nach kurzer Zeit zur Hilfe eilten.

8 Cliff keuchte: „Wir dürfen ihn nicht aus den Augen verlieren.“ (Z. 10)
„Komm schnell“, rief er, „hinterher!“ (Z. 47)

Seite 37

1

Fragen von Kommissar Perko	Antworten von Cliff, Cleo, Zoodirektor	Satzglied
Was habe ich getan?	*Sie **haben** einen Kerl **geschnappt/gefangen**.*	*Prädikat*
Wer hat geschlafen?	***Die Zootiere** haben geschlafen.*	*Subjekt*
Was hast du rechtzeitig getan?	*Ich **habe** den Wasserhahn **zugedreht**.*	*Prädikat*
Wer hat den Täter verfolgt?	***Wir/Cleo** und **ich** haben den Täter verfolgt.*	*Subjekt*
Wer hat das eigentlich getan?	***Die Elefanten** haben das getan.*	*Subjekt*
Was hat Rudi getan?	*Rudi **hat** im Zoo **gearbeitet**.*	*Prädikat*
Wer musste ihn entlassen?	***Ich/Die Zoodirektion** musste ihn entlassen.*	*Subjekt*
Wer wollte sich rächen?	***Rudi** wollte sich rächen.*	*Subjekt*

2 a Auf die Frage „**Was** habe ich / hast du / hat R. **getan**?“ antwortet man mit der Wortart **Verb**:
„Sie **haben** einen Kerl **geschnappt.**“ „Ich **habe** den Hahn **zugedreht.**“
b Auf die Frage „**Wer** hat / musste ...?“ antwortet man mit der Wortart **Nomen** (oder **Pronomen**):
„**Wer** hat geschlafen?“ – „Die **Zootiere** haben geschlafen.“
„**Wer** hat ... verfolgt?“– „**Cleo** und **ich** ... .“

Seite 38

3 Siehe dazu die letzte Spalte in der Tabelle gleich oben.

Seite 39

4 *Fußspuren / Spuren / Fußabdrücke*

5 „**Wem** habt ihr ... geschrieben?“ – *einem Tierarzt*
„**Wen/Was** habt ihr ... entdeckt?“ – *einen Zettel*
„**Wem** hast du ... gegeben?“ – *Cliff / meinem Cousin*
„**Was/Wen** zeigt das?“ – *Spuren / Abdrücke / Sohlen*
„**Was/Wen** habt ihr gefunden?“ – *die Wohnung / das Haus*
„**Wem** seid ihr nachgeschlichen?“ – *ihm / dem Täter*

6 „Wen/Was ...?“ – *die Fußspuren* (AO)
„Wem ...?“ – *einem Tierarzt* (DO)
„Wen/Was ...?“ – *einen Zettel* (AO)
„Wem ...?“ – *Cliff / meinem Cousin* (DO)
„Was/Wen ...?“ – *Spuren* ... (AO)
„Wen/Was ...?“ – *die Wohnung* ... (AO)
„Wem ...?“ – *ihm / dem Täter* (DO)

7 a Mögliche Antworten:
b „Eigentlich hat uns das **niemand** erlaubt.“ – „Wer?“ – Subjekt
„Wir **haben** den Tierwärter **beobachtet / verfolgt**.“ – „Was ... getan?“ – Prädikat
„Wir haben **den Tierwärter / Rudi** verfolgt.“ – „Wen?“ – Akkusativobjekt
„Wir sind **den Elefanten** begegnet.“ – „Wem?“ – Dativobjekt

Seite 40

1/2

Nomburg, 12.08.2013

Liebe Oma,

ich hatte in den letzten Tagen bei Cliff hier in Nomburg viel Spaß und muss dir unbedingt von unseren spannenden Erlebnissen berichten!

Wir haben bei einem Zoobesuch festgestellt, dass etwas mit den Tieren nicht stimmt, und sind schließlich auf die heiße Spur gekommen: Ein Tierpfleger, der sich für seine Entlassung rächen wollte, hat das Trinkwasser der Zootiere vergiftet - scheußlich! Damit durch seine Fußspuren nicht auffällt, dass er bei seinem Weg zum Wassertank durch das Erdmännchengehege läuft, hat der gerissene Kerl Schuhe mit druntergeschnallten Krähenfüßen verwendet!

Du wirst es nicht glauben: Am Schluss haben uns sogar die Elefanten mit ihren großen Rüsseln geholfen und den Täter festgehalten.

Viele Grüße
Deine Cleo

Seite 42

1 Ein entlassener *Tierpfleger hat die Zootiere mit einem Schlafmittel betäubt.*
Das passierte *am Anfang der Ferien hier im Zoo in Nomburg.*

Rudi hat die Tiere betäubt, indem er *ein Schlafmittel in den großen Wassertank gekippt und die Leitung aufgedreht hat.*

Damit niemand seine Fußspuren *entdeckt, hat er Krähenfüße unter seine Sohlen geschnallt.*

Vor seinem Haus entdeckten wir *die Stiefel mit den Krähenfüßen.*
Abends im Zoo haben wir beobachtet, *wie er ein Schlafmittel ins Wasser goss.*

Weil *er entlassen worden ist* und weil *er sich rächen wollte.*

2/3 *Sommerschlaf im Städtischen Zoo*
Am Beginn der Sommerferien betäubte ein entlassener Tierpfleger die Tiere im Nomburger Zoo mit einem Schlafmittel. Das goss er in den Wassertank und leitete es in alle Käfige.
Die 10-Jährigen Cliff N. und Cleo T. beobachteten ihn dabei und lösten so das Rätsel der schlafenden Zootiere.